AF090783

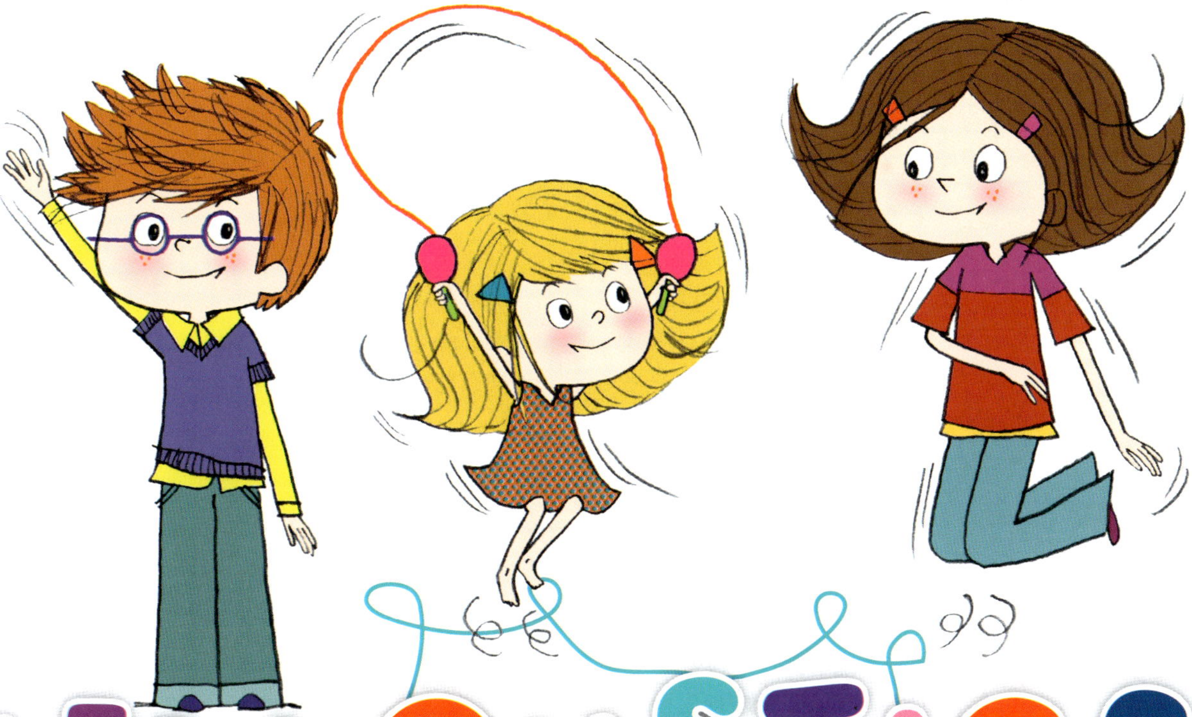

LES LOUSTICS

3

A1

Hugues Denisot – Marianne Capouet

hachette
FRANÇAIS LANGUE ÉTRANGÈRE

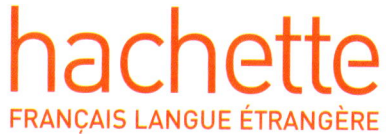

À Poucette

Remerciements :

La participation et l'implication des enseignants à nos projets est une aide précieuse et indispensable.
Nous remercions donc chaleureusement tous les professeurs de FLE et leurs élèves
qui ont partagé leurs expériences et leurs avis constructifs en Belgique, France, Espagne, Mexique,
Liban, Maroc, Égypte, États-Unis, Canada et Australie.

Un grand merci aux enfants qui ont posé pour les photos :
Anatole, (p. 2, 31), Camille (p. 2, 8, 19, 45), Cole (p. 2, 8, 45), Jesse (p. 31),
Kiwa (p. 8, 29, 45), Louève (p. 13 ,17, 31), Maimouna (p. 8, 45), Mason (p. 31),
Pablo (p. 8, 11, 21, 45), Ward (p. 2, 8, 45) et Zachary (p. 13, 17).

Conception graphique de la couverture : Christophe Roger
Conception graphique et mise en pages : Sylvaine Collart
Illustrations : Florence Langlois
Autres illustrateurs : Jean-Sébastien Deheeger (p. 28), Patrick Morize (p. 16)
Cartographe : Pascal Thomas (planisphère p. 32)
Photos : © iStockphoto.com, © shutterstock.com
Mara Mazzanti : p. 2, 3, 8, 11, 13, 19, 29, 45, 65, 67, 73, 79
Corbis : p. 9, 46 et 47 *Le Roi Soleil* © The Gallery Collection ; New Orleans, Louisiana, USA © Bob Sacha/ ;
p. 18 et 21 *Arcimboldo* © The Gallery Collection ; p. 30 *Carnaval de Binche* © Thierry Tronnel/ ;
Autres photos : p. 18 *Arcimboldo* © photothèque Hachette ; p. 25 et 73 *Kiosque à journaux* © Thomas Dabkowski ;
p. 78 *Ratatouille* © Production / WALT DISNEY PICTURES ;
p. 30 *Carnaval de Rio de Janeiro, Brésil* © GARDEL Bertrand / Hemis.fr
Secrétariat d'édition : Le Souffleur de mots / Françoise Malvezin

ISBN : 978-2-01-705361-3

© Hachette Livre 2015
58 rue Jean Bleuzen, CS 70007, 92178 Vanves Cedex, France

http://www.hachettefle.fr

Tous droits de traduction, de reproduction et d'adaptation réservés pour tous pays. Le code de la propriété intellectuelle n'autorisant, aux termes des articles L.122-4 et L.122-5, d'une part, que « les copies ou reproductions strictement réservées à l'usage privé du copiste et non destinées à une utilisation collective » et, d'autre part, que les « analyses et les courtes citations » dans un but d'exemple et d'illustration, « toute représentation ou reproduction intégrale ou partielle, faite sans le consentement de l'auteur ou de ses ayants droit ou ayants cause, est illicite ». Cette représentation ou reproduction, par quelque procédé que ce soit, sans autorisation de l'éditeur ou du Centre français de l'exploitation du droit de copie (20, rue des Grands-Augustins, 75006 Paris), constituerait donc une contrefaçon sanctionnée par les articles 425 et suivants du Code pénal.

Achevé d'imprimé en mars 2025 en Espagne par GRAFO - Dépôt légal : Février 2019 - Édition 10 - 41/3132/6

Les symboles

Regarde et écoute ton professeur.

- De la page 4 à la page 29, les pistes audio sont disponibles sur le CD 1 du coffret.
- De la page 30 à la page 73, les pistes audio sont disponibles sur le CD 3 du coffret.

Leçon 1 — Il est quelle heure ?

1 🎧 CD1/2 🕺 Écoute et mime.

2 🎧 3 💬 Il est quelle heure ? Écoute et réponds.

3 🎧 4 👉 Écoute et montre sur la grande image.

4 📖 👉 Lis et montre sur la grande image.

- Elle a les cheveux blonds, un chapeau et des lunettes. C'est le professeur de Léo.
- La directrice de l'école a une veste verte et un pantalon noir.

5 🎧 5 ✏️ 🕺 Écoute la chanson « C'est la rentrée ! ». Chante et mime.

Il est sept heures. Il est sept heures et quart. Il est sept heures et demie. Il est huit heures moins le quart.

Unité 1

Leçon 2

Qu'est-ce qu'il y a dans ta classe ?

1

Écoute et montre.

2

Écoute et compte.

3

Fais deviner un objet à tes camarades.

Dans ma classe, il y a un tableau, une fenêtre, un ordinateur, douze tables, vingt-quatre élèves.

Il est comment ?

1 Qui est Thomas Dubois ?

a. Écoute et lis.

b. Écoute et complète.

2 Écoute et réponds.

3 Inventez une scène avec un nouveau professeur.

Il est beau. Il est gentil. Il est amoureux. Il n'est pas curieux.

Unité 1

Leçon 4

Quelle est ta nationalité ? Quelles langues parles-tu ?

1.

a. Écoute, dis le numéro et montre sur la carte page 32.

b. Réponds :
« Où habites-tu ?
Quelle est ta nationalité ? »

2.

a. Écoute.
Quelles langues parlent-ils ?
Qui est-ce ?

b. Réponds :
« Quelles langues parles-tu à la maison ? En classe ? En voyage ? »

3.

a. Écoute et montre le drapeau puis le pays sur la carte page 32.

b. Présente-toi !

4. Réponds :
« Peux-tu imiter un Français qui parle ta langue ? »

Je suis américain. J'habite aux États-Unis. Je parle anglais. Tu es libanais. Tu habites au Liban. Tu parles arabe. Elle est italienne. Elle habite en Italie. Elle parle italien.

Qu'est-ce que tu apprends à l'école ?

1

Écoute et dis le bon numéro.

2

Écoute et dis les matières préférées de Léo, Alice et Marie.

3

Réponds : « Quelle est ta matière préférée ? »

J'apprends le français, les mathématiques, l'histoire, la géographie, les sciences et l'informatique. Je fais du sport et de la musique.

Unité 1
PETIT DOC

L'EMPLOI DU TEMPS DE LÉO

	LUNDI	MARDI	MERCREDI	JEUDI	VENDREDI
8 h 30 – 10 h 00	Français	Français		Français	Français
10 h 00 – 10 h 15	Récréation	Récréation		Récréation	Récréation
10 h 15 – 11 h 30	Mathématiques	Mathématiques		Mathématiques	Mathématiques
11 h 30 – 13 h 30	Déjeuner	Déjeuner		Déjeuner	Déjeuner
13 h 30 – 14 h 15	Sciences	Sport		Sciences	Sport
14 h 15 – 15 h 00	Histoire	Espagnol		Géographie	Espagnol
15 h 00 – 15 h 15	Récréation	Récréation		Récréation	Récréation
15 h 15 – 16 h 00	Français	Français		Informatique	Arts plastiques
16 h 00 – 16 h 30	Sport	Musique		Sport	Français

1. 👁 ☝ Regarde les matières scolaires et montre le jour d'école.

2. 🎧 💬 Écoute et réponds.

3. 💬 Réponds : « Tu préfères ton emploi du temps ou l'emploi du temps de Léo ? Pourquoi ? »

Unité 1 — Projet

Le poster de présentation de Pedro

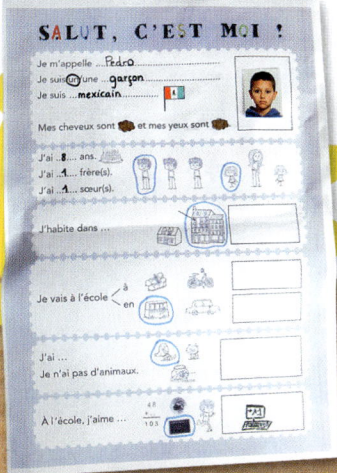

1 🎧 Écoute Pedro.

2 Toi aussi, complète ton poster et présente-toi !

1. Complète ton poster sauf « Je m'appelle ».

2. Donne ton poster à ton professeur.

3. Ton professeur photocopie les posters et les distribue.

4. Présente-toi devant ta classe et demande qui a ton poster.

5. Compare les deux posters. C'est le bon poster ?

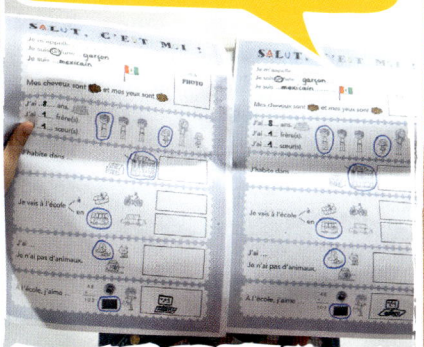

6. Bravo ! Tu peux coller ta photo sur ton poster et écrire ton nom.

Unité 2 : C'est combien ?

Leçon 1 — Grand-mère Colette a quel âge ?

1.   Écoutez et mimez à deux comme sur les photos.

2.  Écoutez, répétez et mimez.

3.  Écoute et montre sur la grande image.

4.  Lis et montre.

- Le cadeau rond avec le papier rouge, jaune et bleu.
- Le cadeau carré avec le papier vert.

5.  Écoute la chanson « Joyeux anniversaire ! » et chante.

Grand-mère Colette a… trente… quarante… cinquante… soixante… soixante-neuf ans !

Unité 2

Leçon 2

C'est quand ton anniversaire ?

un calendrier : 12 mois = 1 année

1.
a. Regarde et range les mois de l'année dans l'ordre.

b. Écoute pour vérifier.

2.
Écoute le dialogue. Recopie les dates et réponds aux questions.

DÉCEMBRE — 25 décembre
JUIN — 21 juin
AVRIL — 1er avril
NOVEMBRE 
MARS 
JANVIER 
OCTOBRE 
JUILLET  — 14 juillet
FÉVRIER 
SEPTEMBRE 
MAI  — 1er mai
AOÛT

C'est le 11 avril. C'est le 4 août. C'est le 22 octobre.
C'est le 23 décembre.

Leçon 3

Tu as des cousins, des cousines ?

1. Écoute et dis comment ils s'appellent.

2. Du plus jeune au plus vieux. Lis et continue.

> Maggie a 4 ans. Ses cousins Tom et Bob ont 6 ans. Son frère Léo a 8 ans…

3. Pose des questions à tes copains.

a. C'est le père de Bernard. Qui est-ce ? …

b. Elle a deux frères. Qui est-ce ? …

Pierre 68 ans — Colette 69 ans

Luc 43 ans — Jeanne 41 ans — Bernard 38 ans — Sylvie 40 ans

Alice 10 ans — Léo 8 ans — Maggie 4 ans

Pauline 13 ans — Bob 6 ans — Tom 6 ans

Oui, j'ai deux cousins et une cousine. Mes cousins sont des jumeaux. Mon oncle s'appelle Bernard. Ma tante s'appelle Sylvie.

Unité 2

Nous sommes en quelle saison ?

1

Écoute la météo en France et montre la saison.

2

Lis et dis la saison en France.

- 20/21 mars, avril, mai, 19/20 juin
- 22/23 septembre, octobre, novembre, 19/20 décembre
- 20/21 juin, juillet, août, 20/21 septembre
- 21/22 décembre, janvier, février, 19/20 mars

le printemps

l'été

l'automne

l'hiver

3

Regarde et lis la blague.
Et toi, quelle est ta saison préférée ?

En automne
Mais quelle heure est-il ? Je suis en retard ?

Nous sommes au printemps, en été, en automne, en hiver.

Leçon 5

Tu habites où ?

1 Observe, écoute et montre.

60 + 9 = 69
60 + 10 = 70
60 + 19 = 79
20 + 20 + 20 + 20 = 80
20 + 20 + 20 + 20 + 9 = 89
20 + 20 + 20 + 20 + 10 = 80 + 10 = 90
20 + 20 + 20 + 20 + 19 = 80 + 19 = 99

2 Écoute et montre.

98, rue des Jardins
75018 Paris

73, avenue des Quatre-Saisons
75018 Paris

70, rue des Jardins
75018 Paris

81, avenue des Quatre-Saisons
75018 Paris

3 Écoutez, mimez à deux et répétez.

J'habite au 70… 80 rue des Jardins.
J'habite au 80… 90 avenue des Quatre-Saisons.

Unité 2

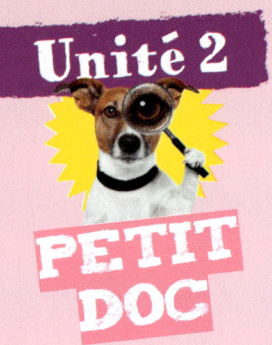

PETIT DOC

1. Regarde, écoute et réponds.

2. Écoute et dis le fruit.

3. Écoute la poésie « Monsieur Automne ». Répète, mime et apprends la poésie.

La nouvelle peinture préférée de Léo

Giuseppe Arcimboldo
(Milan, 1527 – Milan, 1593)
Automne, 1573

Arcimboldo

Unité 2 Projet

La branche anniversaire d'Hugo

1 🎧 34 Écoute Hugo et son professeur.

2 Toi aussi, fabrique avec ta classe quatre branches anniversaire.

1. Choisis une feuille de couleur selon la saison de ton anniversaire.

2. Dessine, colorie et découpe ton gâteau.

3. Fais des décorations pour ta saison.

4. Accroche ton gâteau d'anniversaire et tes décorations à la branche.

Remue-méninges

DÉPART A · DÉPART B · DÉPART C

1 🎧 35 👉 Écoute et montre.

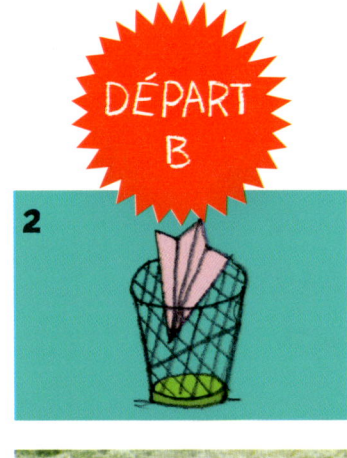

ARRIVÉE U · ARRIVÉE V · ARRIVÉE W

DÉPART D

4

10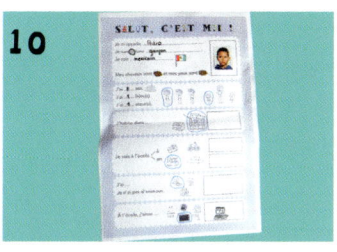

16

22

28

ARRIVÉE X

DÉPART E

5

11

17

23

29

ARRIVÉE Y

DÉPART F

6

12

18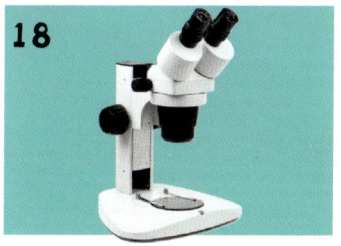

24

30

ARRIVÉE Z

2 💬 Dicte un parcours à un camarade.

Leçon 1 — Qu'est-ce qu'il y a dans ta ville ?

1.  Écoute et montre.

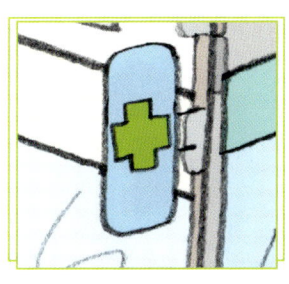  
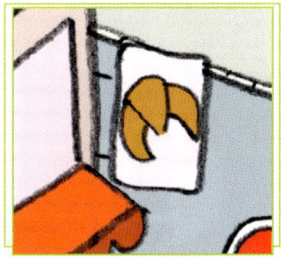  

2.  Où sont-ils ? Écoute et montre sur la grande image.

3. Écoute et apprends la poésie « L'École » d'après Jacques Charpentreau.

4.  Lis et montre : c'est bien ou c'est mal ?

- Un monsieur jette une bouteille à la poubelle.
- Un garçon fait du vélo sur le trottoir devant le cinéma.

Dans ma ville, il y a un square, un restaurant, une librairie, une pharmacie, un hôpital, une boulangerie…

Unité 3

Où est la boulangerie ?

1

Écoute et montre.

2

Écoute et réponds : « Tu es où ? »

3  Écoute la chanson « Le boogie-woogie » et chante.

Va tout droit. Tourne à gauche. Traverse sur le passage piéton.
Tourne à droite et tu es à la boulangerie !

Leçon 3

Où fais-tu tes courses ?

Écoute et montre.

Écoute et dis où ils travaillent.

    Écoute la chanson « Les courses » et chante.

Au marché, au supermarché, à la boulangerie, à la boucherie, à l'épicerie…

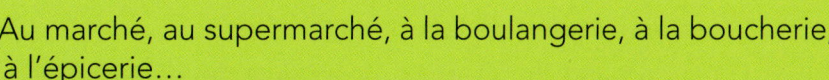

Unité 3

Qu'est-ce que c'est ?

1 Un billet ou une pièce ?

a. Écoute et montre.

b. Compte :
« Il y a combien de centimes ?
Il y a combien d'euros ? »

2 Écoute et réponds.

3 Qu'est-ce qu'ils achètent ? Regarde et réponds.

37 €   1 € 10 c   8 €

C'est de l'argent, de la monnaie.
C'est un billet de 50 euros, une pièce de 50 centimes.

Leçon 5

Ça fait combien ?

1
Regarde la BD et écoute.

2
Écoute et répète dans ta tête.

3
Écoute et réponds.

4
Lis la BD à voix haute, apprends ton rôle et joue la scène.

— Bonjour madame ! Je voudrais une baguette, s'il vous plaît !

— Voilà une baguette ! Et avec ceci ?
— Une douzaine d'œufs, s'il vous plaît.

— Voilà une douzaine d'œufs ! Et avec ceci ?

— Deux sucettes, s'il vous plaît !

— Voilà deux sucettes. Et avec ceci ?

— C'est tout. Ça fait combien ?
— Alors, une baguette, une douzaine d'œufs et deux sucettes... ça fait 7 euros et 40 centimes.

— Zut ! Je n'ai pas assez. J'ai 5, 6... 7 euros. Tant pis ! Pas de... baguette ! Au revoir, madame !

— Attends ! Voilà ta monnaie : 60 centimes !
— Oh ! Chouette ! Je peux encore acheter des sucettes !

Ça fait sept euros et quarante centimes (7 euros 40).
N'oublie pas ta monnaie !

Unité 3
PETIT DOC

Les panneaux du code de la route

1. 🎧52 👉 Écoute et montre le panneau.

A
B
C
D

2. 🎧53 👉 💬 Écoute, montre et réponds.

Unité 3 Projet

Le reportage de Minami

1  Regarde et écoute le reportage de Minami.

Mon reportage la pharmacie (Salut!)

Voici l'enseigne de la pharmacie : une croix verte.

Je suis devant la vitrine de la pharmacie de l'Europe.

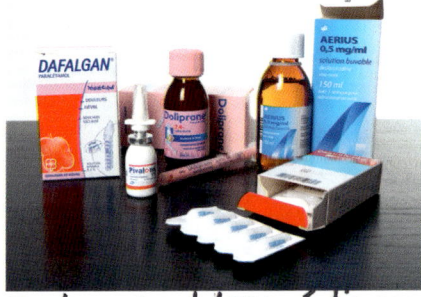
C'est Didier, le pharmacien. Didier vend des médicaments. Il a 27 ans.

Il y a des médicaments dangereux.

Au revoir!
Minami

2 Toi aussi, fais un reportage photo ou un reportage dessin sur un magasin.

 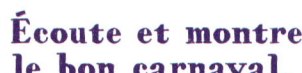

LE CARNAVAL

1. 🎧 CD3 · 24 👉 Écoute et montre le bon carnaval.

2. 📖 🎧 25 💬 Écoute et dis dans quels pays se trouvent les villes suivantes.

a. Rio de Janeiro se trouve au …
b. La Nouvelle-Orléans se trouve aux …
c. Nice se trouve en …
d. Binche se trouve en …
e. Venise se trouve en …

3. 👉 Montre les pays des carnavals sur la carte page 32.

4. Et toi, il y a un carnaval dans ton pays, dans ta ville ?

5. Toi aussi, participe au carnaval avec Les Loustics.
Choisis ton masque : Alice, Léo, Maggie ou le chat ?

6. 🎧 🎤 Écoute et chante la chanson
« Le carnaval ».

31

MON DICTIONNAIRE

amoureux

amoureuse

août

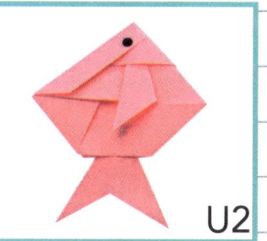
avril

beau

belle

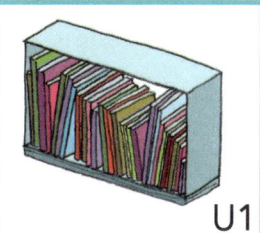
une bibliothèque

une boulangerie

un carnaval

se coiffer

un croissant

curieux

MON DICTIONNAIRE

 U1
curieuse

 U2
décembre

 U1
se doucher

 U2
l'été

 U1
une fenêtre

 U2
février

 U1
gentil

 U1
gentille

 U1
la géographie

 U1
s'habiller

 U1
l'histoire

 U2
l'hiver

 U3
un hôpital

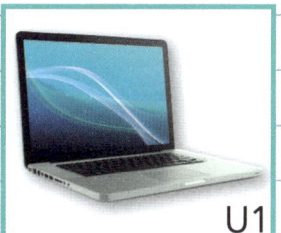 U1
l'informatique

 U2
janvier

 U2
juillet

 U2
juin

 U2
des jumeaux

 U?
un kiosque

 U2
mai

 U2
mars

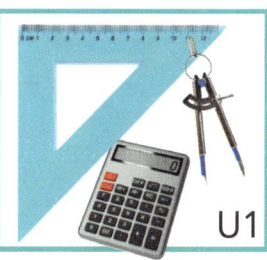 U1
les mathématiques

 U1
la musique

 U3
la natation

MON DICTIONNAIRE

 des nationalités
 novembre
 octobre
 un ordinateur

 une pharmacie
 un pharmacien
 une porte
 une poubelle

 le printemps
quarante
 un restaurant
 se réveiller

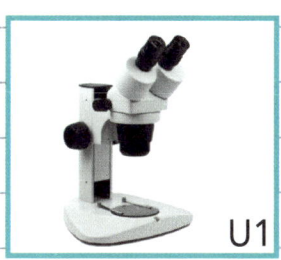 U1
les sciences

 U2
septembre

 U4
un serpent

60 U2
soixante

 U3
un supermarché

 U1
un tableau

 U3
un trottoir

 U3
une vendeuse

Unité 1 : C'est la rentrée !

Il est quelle heure ?

1 🎧 Écoute et écris le numéro.

2 Écoute ton professeur, complète les horloges et écris les heures.

Il est ....

....

3️⃣ Et toi, à quelle heure te lèves-tu le matin ? À quelle heure vas-tu dormir ? Regarde et complète.

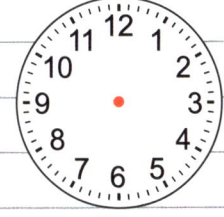 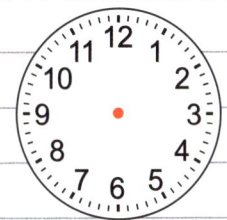

Je me lève à ...... h ......   Je vais dormir à ...... h ......

4️⃣ Complète avec les autocollants page A et écris ce que fait chaque personnage : Alice – Léo – Maggie – ~~Monsieur Legrand~~ – Madame Legrand – Le chien – ~~se douche~~ – se réveille – se brosse les dents – se coiffe – s'habille – prend son petit déjeuner.

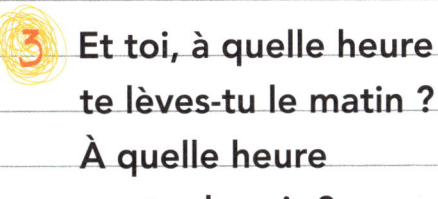

 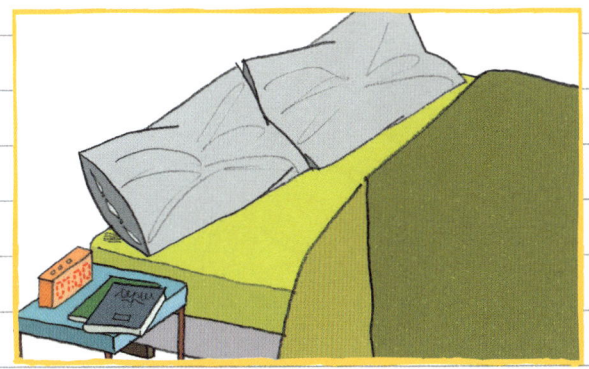

Monsieur Legrand se douche.   ....

 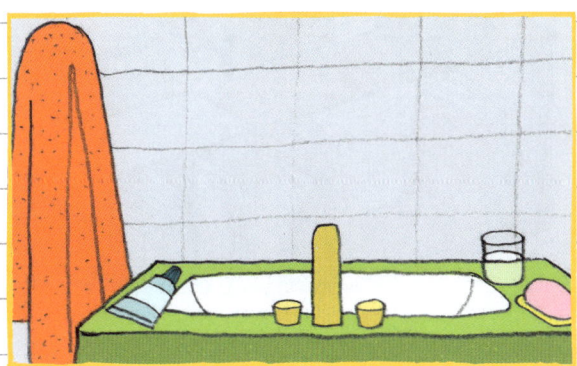

Unité 1 • Leçon 2 — Qu'est-ce qu'il y a dans ta classe ?

1 Écoute, dessine et complète.

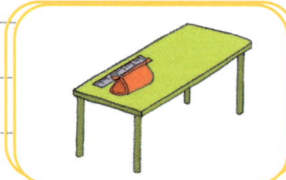
8 tables

.... ordinateurs

.... poubelle

.... bibliothèques

.... chaises

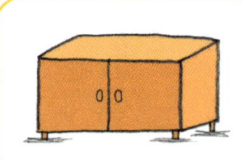
.... armoire

.... fenêtres

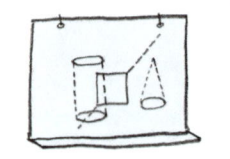
.... tableau

Unité 1 — Leçon 3 — Il est comment ?

1 🎧 Écoute et relie.

2 Écris les phrases et fais les bulles.

Tu as quel âge ? – Vous avez quel âge ? – Tu habites où ? – Vous habitez où ?

Unité 1 — Leçon 4

Quelle est ta nationalité ?
Quelles langues parles-tu ?

1. 🎧 Écoute, complète et colorie les drapeaux.

France – allemand – Italie – États-Unis – japonaise – espagnol – Chine – libanais

PAYS	NATIONALITÉ	LANGUE	DRAPEAU
Les	américaine	anglais	
Le Mexique	mexicain	....	
Le Liban	....	arabe	
La	français	français	
Le Japon	....	japonais	
L'Allemagne	allemande	....	
L'	italienne	italien	
La	chinois	chinois	

2 Observe.

J'habite au Brésil.   J'habite en France.   J'habite aux Émirats.
                      J'habite en Italie.

⭐ À toi maintenant. Où habitent-ils ?

3 Regarde le planisphère de ton livre page 32 et complète les pétales des fleurs de l'exercice 2.

4 Et toi ? Tu habites où ?

Unité 1 • Leçon 5 — Qu'est-ce que tu apprends à l'école ?

1 🎧 Écoute et complète avec les autocollants page A.

😊 J'aime.   🙂 J'aime un peu.   ☹️ Je n'aime pas.

les mathématiques | l'espagnol | les sciences

l'histoire | la musique | l'informatique

la géographie | le sport | les arts plastiques

② **Observe l'emploi du temps de Marion, une Canadienne, et réponds.**

	LUNDI	MARDI	MERCREDI	JEUDI	VENDREDI
8 h 30 – 9 h 15	maths	français	gym	français	maths
9 h 15 – 10 h 00	français	maths	sciences	français	maths
10 h 00 – 10 h 30	Récréation				
10 h 30 – 11 h 15	géographie	anglais	français	maths	anglais
11 h 15 – 12 h 00	informatique	sciences	maths	anglais	français
12 h 00 – 13 h 00	Déjeuner				
13 h 00 – 13 h 45	sciences	sport		histoire	géographie
13 h 45 – 14 h 30	musique	sport		musique	arts
14 h 30 – 14 h 45	Récréation			Récréation	
14 h 45 – 15 h 30	sport	informatique		informatique	arts

1. Qu'est-ce que Marion a le lundi à 10 h 30 ? ....
2. Quand est-ce que Marion a sport ? .... et ....
3. À quelle heure Marion a français le mardi ? ....
4. Quelles sont les matières qu'elle a tous les jours ? ....

③ **Lis et devine la matière.**

1. J'aime bouger mon corps : ....
2. J'aime les nombres : ....
3. J'aime les pays : ....
4. J'ai une souris. Je frappe sur les lettres de l'alphabet : c'est ....

Unité 1

Je révise.

 Complète les actions d'Isabel et les horloges.

se réveille – se brosse les dents – se douche – prend son petit déjeuner – s'habille – va à l'école

Il est 7 h 00.

Elle ....

Il est 7 h 15.

Elle ....

Il est 7 h 30.

Elle ....

....

Elle ....

Il est 8 h 05.

Elle ....

....

Elle ....

2 **Complète.**

| Ta nationalité | Ton pays | Tes langues |

Je suis ....
J'habite .... le = au   la, l' = en   les = aux
Je parle ....

3 🎧 34 **Écoute et lis. Complète la fiche de présentation d'Isabel.**

S.L.T, C'E.T M.I !

Je m'appelle ....
Je suis un/une ....
Je suis ....
Mes cheveux sont ⌒ et mes yeux sont ⌒.

J'ai .... ans.
J'ai .... frère(s).
J'ai .... sœur(s).

J'habite dans…

Je vais à l'école à / en

J'ai…
Je n'ai pas d'animaux.

À l'école, j'aime…

Colle ta coupe de champion.

Unité 2 : C'est combien ?

Grand-mère Colette a quel âge ?

1 a. Choisis 6 numéros dans la grille de loto.

56			44		51		28		20
	31	62		19	69			57	36
			11			29			43

b. Écris tes 6 numéros. Dis tes numéros à la classe.

c. Avec ta classe, tire 6 numéros au sort. Coche tes numéros gagnants.

2 Écoute ton professeur et relie.

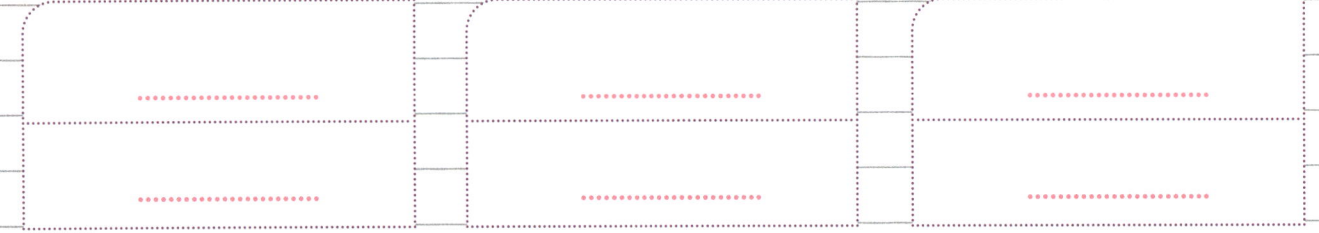

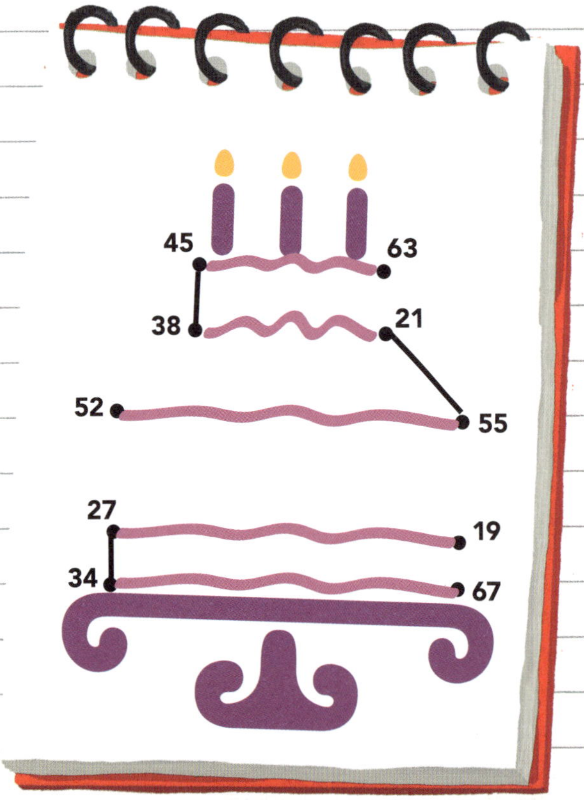

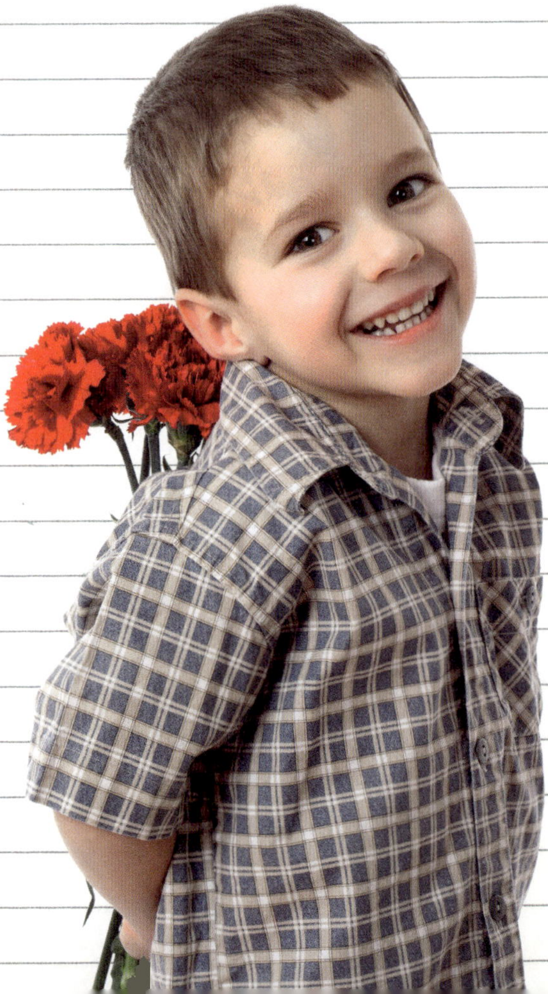

Relie et complète.

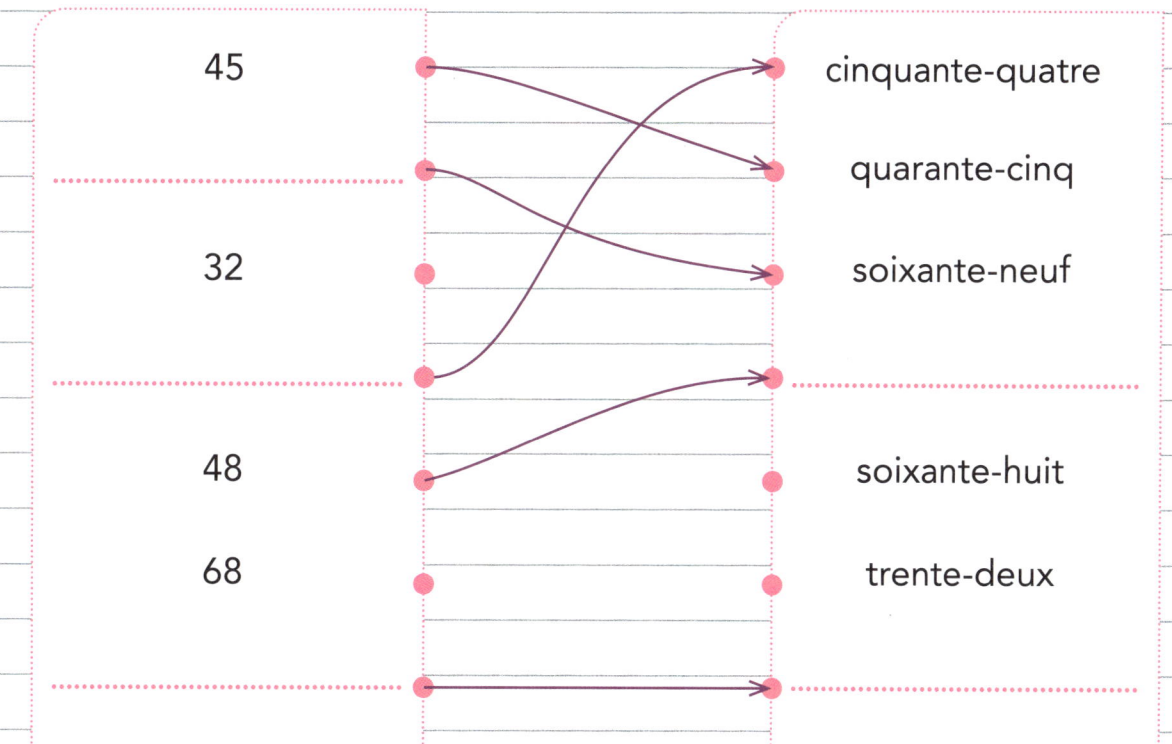

45 — quarante-cinq
32 — trente-deux
48 — soixante-huit
68 — soixante-neuf
— cinquante-quatre

 Fais une recherche et écris l'âge en lettres.

1. Ma maman a .... ans.
2. Mon papa a .... ans.
3. Ma grand-mère .... a .... ans.
4. Mon grand-père .... a .... ans.
5. Mon frère .... a .... ans.
6. Ma sœur .... a .... ans.
7. Mon professeur de français a .... ans.

a. Écris les dates d'anniversaire de la famille Legrand. Relie au bon mois.
b. Avec ta classe, invente une date d'anniversaire pour Léo. Dessine le mois.
c. Complète avec ta date d'anniversaire. Dessine le mois.

Maggie 	→	Le 23 décembre	 • •
Alice 	→	....	 • •
Jeanne 	→	....	 • •
Luc 	→	....	 • •
Léo 	→	....	• •
Moi  :	→	....	• •

 Complète le calendrier. Indique le mois, les nombres et les anniversaires de la classe.

C'est le mois de ....

Lundi	Mardi	Mercredi	Jeudi	Vendredi	Samedi	Dimanche

Unité 2 • Leçon 3 — Tu as des cousins, des cousines ?

1. 🎧 35 **a.** Écoute et complète les âges sur l'arbre généalogique.

🎧 36 **b.** Écoute et relie les personnes par des flèches.

2 Observe l'arbre généalogique et écris les prénoms.

1. .... est la grand-mère de Rana.

2. Titou est le cousin de ....

3. Rita est la sœur jumelle de ....

4. Manu est l'oncle de ....

5. .... est la tante de Titi et Titou.

3 Observe l'arbre généalogique et écris les liens de parenté.

le frère – la sœur – la mère – le père – le grand-père – la grand-mère – l'oncle – la tante

1. Mimi est .... de Mona.

2. Lulu est .... de Titi.

3. Manu est .... de Rita.

4. Mona est .... de Roméo.

5. Titou est .... de Titi.

6. Lulu est .... de Manu.

7. Mona est .... de Titou.

8. Lila est .... de Rita.

Unité 2 — Leçon 4 — Nous sommes en quelle saison ?

 Dessine les 4 saisons.

Le printemps — L'été — L'automne — L'hiver

 Complète.

MERCREDI 16 JUILLET

jour : ....
mois : ....
saison : ....
date : ....

LUNDI 31 MARS

jour : ....
mois : ....
saison : ....
date : ....

MARDI 12 NOVEMBRE

jour : ....
mois : ....
saison : ....
date : ....

③ À toi de dessiner le calendrier éphéméride du jour.

④ Observe le dessin, complète la bulle avec une des phrases et écris la date.
Bon anniversaire ! – Poisson d'avril ! – Bonne année !

Aujourd'hui, c'est le ....

Unité 2 — Leçon 5 — Tu habites où ?

1 Écoute ton professeur et colorie les nombres :
les dizaines en rouge et les unités en bleu.

68   76   90   46   88

80   32   72   97   53

71   96   79   42   94

65   61   75   59   63

54   84   82   70   62

2 Choisis les couleurs pour chaque résultat, compte, colorie et complète.

- 🟡 → quatre-vingt-dix
- ⬜ → quatre-vingts
- ⬜ → soixante-dix
- ⬜ → quatre-vingt-onze

- ⬜ → quatre-vingt-un
- ⬜ → quatre-vingt-dix-neuf
- 🟫 → ....
- 🟪 → ....

8 x 10	80 + 6	33 x 3	20 x 4	24 + 66
92 − 2	20 + 50 + 29	30 x 3	1 x 90	9 x 9
60 + 12	32 + 38	90 − 10 − 10	9 x 8	98 − 17
63 + 28	20 + 20 + 20 + 20	67 + 23	40 x 2	45 + 35
48 + 33	20 + 30 + 20	14 + 56	1 x 80	13 + 26 + 42

Entraîne-toi : écris le nom de ton directeur ou de ta directrice et l'adresse de l'école.

École ....

4 Écris ton nom, ton prénom et ton adresse.
N'oublie pas d'écrire ton pays.

Unité 2

Je révise.

 Compte et complète.

4	x	....	=	32		....		....
+				+		x		−
....				....	−	....	=	46
=				=		=		=
34	+	....	=	....		....	−	....	=	....
		+				+		x
		37	−	28	=	....	x	8	=	....
		=				=		=
		....	−	2	=	81		40

60

② **Lis et complète.**

1. C'est la maman de ma maman, c'est ma ....
2. C'est le frère de mon papa, c'est mon ....
3. C'est la fille du frère de mon papa, c'est ma ....
4. C'est le .... de mon père, c'est mon grand-père.

③ **Complète avec les autocollants page B.**

Unité 3 : En ville — Leçon 1

Qu'est-ce qu'il y a dans ta ville ?

1 Écoute et relie les personnes aux lieux.

2 Trouve et recopie les mots.

~~la boulangerie~~ – le restaurant – le supermarché – le cinéma – la librairie – le coiffeur – la pharmacie – l'hôpital – le square

p	h	i	r	m	a	p	h	ô	p	u	t	a
r	e	s	q	u	a	h	c	u	i	f	f	u
s	u	b	o	u	l	a	n	g	e	r	i	e
r	e	s	t	a	u	r	a	n	t	l	a	b
é	s	u	p	e	r	m	a	r	c	h	é	z
h	h	ô	p	i	t	a	l	o	b	r	o	l
s	q	u	a	r	e	c	i	n	é	m	a	l
i	l	i	b	r	a	i	r	i	e	c	u	b
t	c	o	i	f	f	e	u	r	s	e	a	u

Je vais

au _____.

au _____.

au _____.

au _____.

à l' _____.

à la boulangerie.

à la _____.

à la _____.

chez le _____.

3 Lis et complète avec les autocollants page C.

Dans notre ▢, il y a…

Des ▢, des ▢, des ▢ par milliers, des ▢,

Et puis mon cœur, mon cœur qui bat
Tout bas.
Dans mon ▢, il y a…

Des ▢, des ▢, des ▢, des ▢, des ▢,

Et puis mon cœur, mon cœur qui bat
Tout bas.
Dans notre ▢, il y a…

Des ▢, des ▢, un grand ▢, une ▢,

Et puis mon cœur, mon cœur qui bat
Tout bas.
Dans cette ▢, il y a…

Des ▢ qui chantent dans la ▢.

Mon Cœur, mon Cœur qui bat est là.

D'après Jacques Charpentreau.

4 Écris les noms des commerces qui sont près de chez toi et où tu peux te rendre à pied ou à vélo.

....

....

Unité 3 — Leçon 2 — Où est la boulangerie ?

1 Écoute et complète les panneaux.

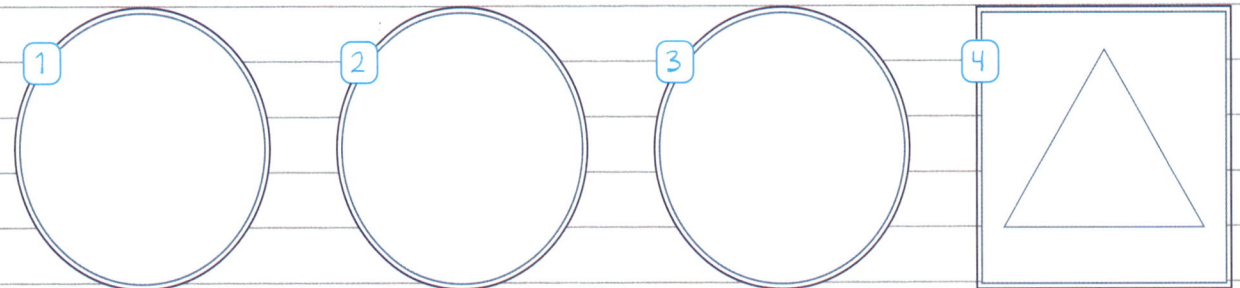

2 a. **Lis et dessine le parcours en bleu. Complète.**

Tu es à la librairie. Avance d'une case, tourne à droite, traverse le pont, avance d'une case, traverse le passage pour piétons, tourne à droite, avance d'une case, tourne à gauche, avance d'une case.

Tu es à ....

b. Regarde le parcours rouge, écris les étapes.

1. Tu es au ....
2. ....
3. ....
4. ....
5. ....
6. ....
7. ....

c. Dessine un parcours en vert.
d. Dicte ton parcours à un camarade.

3 Écris la phrase correcte au bon endroit.

Elles collent à gauche, elles collent à droite.
1, 2, 3 Je vais dans les bois.
Elle tourne. C'est très joli.
Et continue tout droit.

....
....

....
....

65

Unité 3 • Leçon 3 — Où fais-tu tes courses ?

1 Écoute ton professeur et numérote.

Joue avec tes autocollants

2 a. Complète le sudoku avec les autocollants page C.

b. Écris 3 magasins au choix, regarde p. 67.

....

....

3 Complète avec les métiers, les magasins et dessine les objets.

la bouchère – le pharmacien – le marchand – la vendeuse – le boulanger – le vendeur – le boucher – la boulangerie – le kiosque – de la viande – des journaux – un croissant – des fruits – la pharmacie

Homme	Femme	Lieu/Magasin	Objets
....	la pharmacienne	....	
....	....	le supermarché	
....	la marchande	....	
....	....	la boucherie	
....	la boulangère	....	

4 Écris les mots dans l'ordre pour faire des phrases.

(Alice) (à vélo.) (va) (D'abord,) (à la boulangerie)

1. ....

(Alice) (Ensuite,) (avec grand-mère Colette) (au marché) (à pied.) (va)

2. ....

(en voiture.) (va) (Alice) (avec son papa) (à la pharmacie) (et Maggie) (Enfin,)

3. ....

Unité 3 — Leçon 4 — Qu'est-ce que c'est ?

1 🎧 Écoute, numérote et réponds.

Qu'est-ce qu'il reste ?

....

2 Compte.

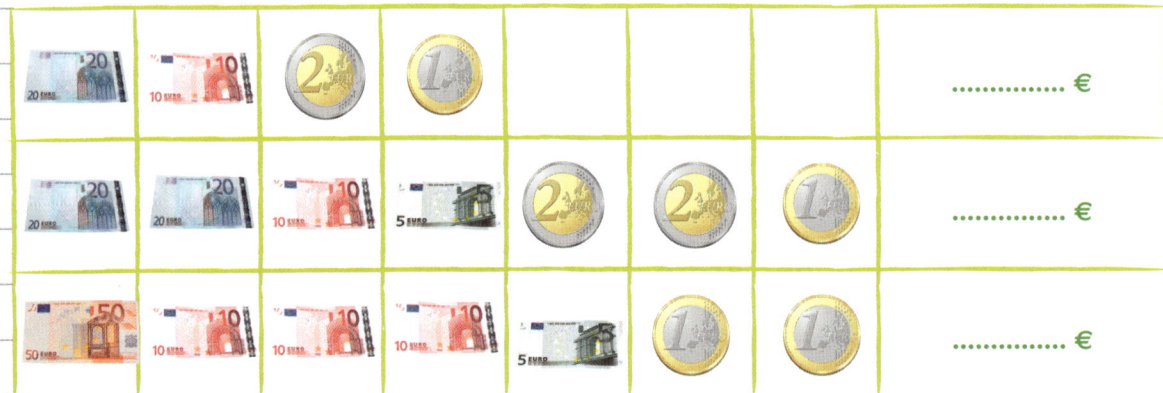

3  Écoute, numérote et réponds.

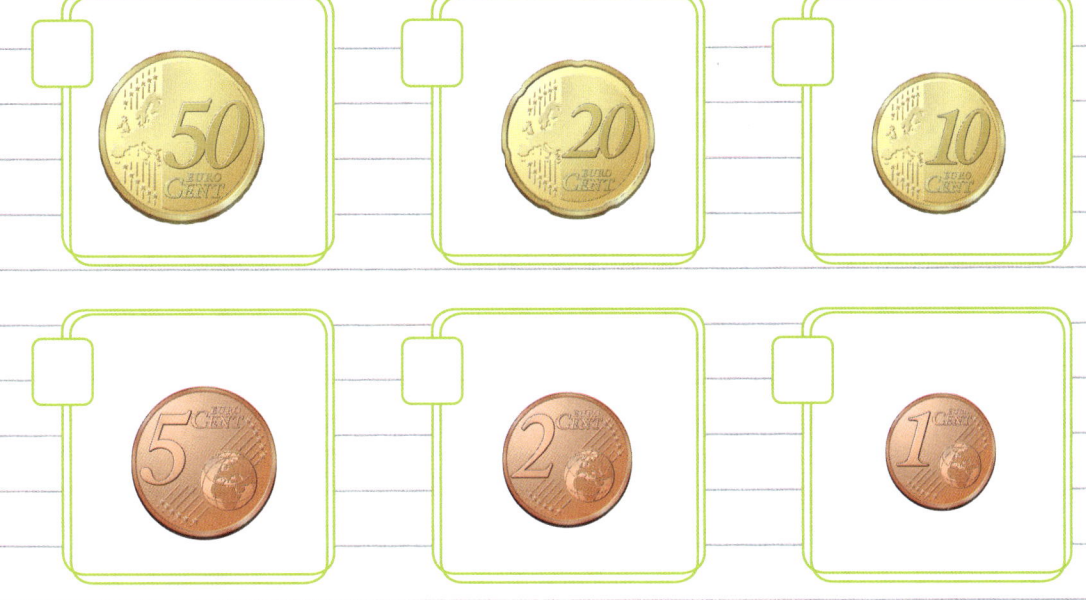

Qu'est-ce qu'il reste ?

....

4 Compte.

Unité 3 — Leçon 5 — Ça fait combien ?

1 🎧 Écoute et complète.

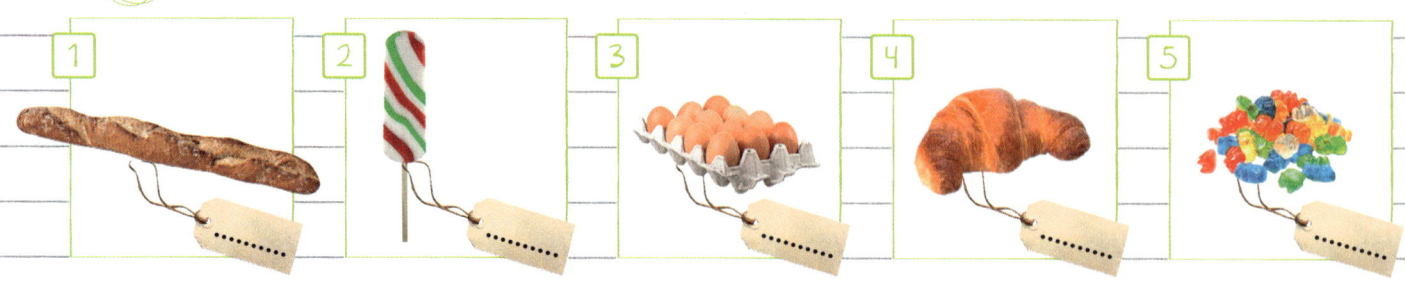

2 Lis et écris le nombre de billets et de pièces.

Léo et Marcel achètent un cadeau pour Marie. Il coûte 27 euros et 35 centimes. Aide Léo et Marcel à payer. Il y a plusieurs solutions.

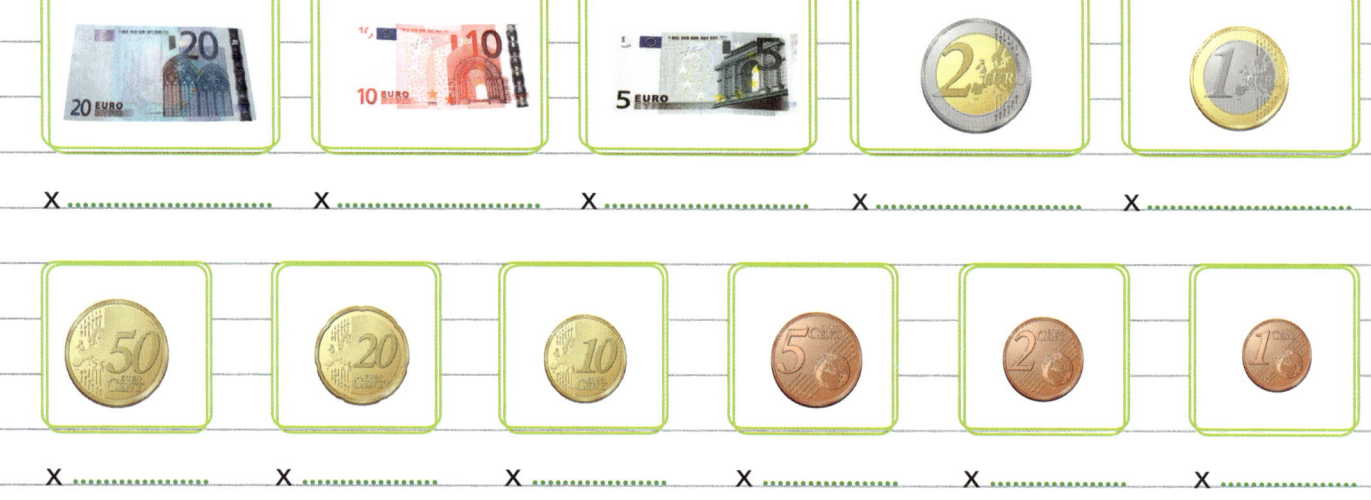

x .... x .... x .... x .... x ....

x .... x .... x .... x .... x .... x ....

3 Lis.

Alice achète un cadeau pour Marie. Il coûte 6 euros et 53 centimes.
Alice paie avec :

Aide la vendeuse à rendre la monnaie à Alice. Écris le nombre de pièces.

Complète les bulles de la bande dessinée.

Je voudrais – une baguette – Et avec ceci ? – une douzaine d'œufs – deux sucettes – Ça fait combien ? – Je n'ai pas assez. – ta monnaie – s'il vous plaît !

À l'épicerie

Bonjour madame ! .... une baguette, s'il vous plaît !

Voilà .... ! Et avec ceci ?

Une douzaine d'œufs, s'il vous plaît.

Voilà .... ! Et avec ceci ?

Deux sucettes, ...

Voilà deux sucettes. ....

C'est tout. ....

Alors, une baguette, une douzaine d'œufs et .... ça fait 7 euros et 40 centimes.

Zut ! .... J'ai 5, 6… 7 euros. Tant pis ! Pas de… baguette ! Au revoir, madame !

Attends ! Voilà .... : 60 centimes !

Oh ! Chouette ! Je peux encore acheter des sucettes !

Unité 3

 *Je révise.*

1 Écoute et relie les lieux dans l'ordre.

2 Compte. Combien d'argent a Maggie ?

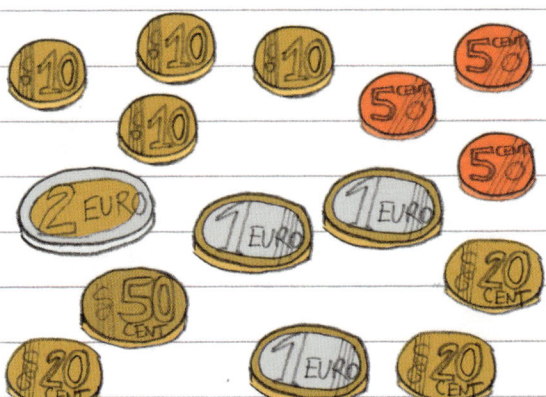

Maggie a .... euros et .... centimes.

Complète le reportage de Léa.

la boulangerie – la boucherie – le kiosque – le supermarché – kiosque – un croissant – un poulet – une plume – le boulanger – le boucher – le marchand – du pain et des gâteaux – de la viande – des journaux, des magazines et des cartes postales

Mon reportage

le kiosque

Voici l'enseigne du .... Je suis devant ....

C'est Marc, ... de journaux. Il a 56 ans.

Marc vend .... et des ....

Colle ta coupe de champion.

Mes chansons et mes poésies

C'est la rentrée !

*Bonjour ! Il est sept heures. Aujourd'hui, c'est la rentrée !
Bonne rentrée à tous les enfants !*

C'est la rentrée ce matin !
Bonjour bonjour les copains !
Les vacances sont finies
Pour les grands et les petits.

Sur le chemin de l'école
Je danse la farandole.
Sur le chemin de l'école
Je chante do ré mi fa sol. } x2

C'est la rentrée aujourd'hui !
Bonjour bonjour les amis !
Vite il faut se dépêcher !
Je veux je veux m'amuser !

Sur le chemin de l'école
Je danse la farandole.
Sur le chemin de l'école
Je chante do ré mi fa sol. } x2

C'est la rentrée maintenant !
Bonjour bonjour les enfants !
Venez danser les Loustics !
En français sur ma musique !

Joyeux anniversaire

Joyeux anniversaire !
Joyeux anniversaire !
Joyeux anniversaire
Grand-mère Colette !
Joyeux anniversaire !

Monsieur Automne

Comme chapeau, un melon,
Des pommes pour le visage et le front,
Du raisin pour les cheveux,
Une châtaigne pour la bouche,
Une mûre pour les yeux.
Pour la barbe du blé,
Une poire à la place du nez,
Un champignon pour l'oreille,
Une figue pour boucle d'oreille.
Beaucoup de légumes !
Voici l'automne et les premiers rhumes !
ATCHOUM !

L'école

Dans notre ville, il y a…
Des tours, des immeubles, des maisons
par milliers, des quartiers,
Et puis mon cœur, mon cœur qui bat
Tout bas.
Dans mon quartier, il y a…
Des squares, des avenues, des places,
des ronds-points, des rues,
Et puis mon cœur, mon cœur qui bat
Tout bas.
Dans notre rue, il y a…
Des autos, des piétons,
un grand magasin, une école,
Et puis mon cœur, mon cœur qui bat
Tout bas.
Dans cette école, il y a…
Des oiseaux qui chantent dans la cour
de recréation.
Mon Cœur, mon Cœur qui bat est là.
D'après Jacques Charpentreau

Le boogie-woogie

Tu fais un pas en arrière
Tu fais un pas en avant
Tourne tourne à droite
Tourne tourne à gauche
Fais le boogie-woogie x 2
Et continue tout droit.

Je fais un pas en arrière
Je fais un pas en avant
Tourne tourne à droite
Tourne tourne à gauche
Fais le boogie-woogie x 2
Et continue tout droit.

Tu mets tes bras en arrière
Tu mets tes bras en avant
Tourne tourne à droite
Tourne tourne à gauche
Fais le boogie-woogie x 2
Et continue tout droit.

Je mets mes bras en arrière
Je mets mes bras en avant
Tourne tourne à droite
Tourne tourne à gauche
Fais le boogie-woogie x 2
Et continue tout droit.
Et continue tout droit.

Les courses

Je vais d'abord à l'épicerie
Acheter acheter
Je vais d'abord à l'épicerie
Acheter de bons spaghettis
Je vais d'abord à l'épicerie
Je vais ensuit' à la boulangerie
Acheter acheter
Je vais d'abord à l'épicerie
Je vais ensuit' à la boulangerie
Acheter une belle tarte aux fruits

Je vais d'abord à l'épicerie
Je vais ensuit' à la boulangerie
Je vais ensuit' à la boucherie
Acheter acheter
Je vais d'abord à l'épicerie
Je vais ensuit' à la boulangerie
Je vais ensuit' à la boucherie
Acheter un poulet rôti

Je vais d'abord à l'épicerie
Je vais ensuit' à la boulangerie
Je vais ensuit' à la boucherie
Je vais enfin chez mon ami
L'inviter l'inviter
Je vais d'abord à l'épicerie
Je vais ensuit' à la boulangerie
Je vais ensuit' à la boucherie
Je vais enfin chez mon ami
L'inviter, à manger
MMM "Bon appétit" !

Drôle de zoo

C'est un drôle de zoo !
Y'a plus d'animaux !
Les animaux sont partis !
Les animaux sont partout !
Sauf au zoo !

Les singes malins vont au marché
Prendre des bananes sans les payer
Les éléphants vont au restaurant
Manger un gâteau au fromage blanc

C'est un drôle de zoo !
Y'a plus d'animaux !
Les animaux sont partis !
Les animaux sont partout !
Sauf au zoo !

Les serpents vont à la pharmacie
Rendre visite à de vieux amis
Les crocodiles se promènent en ville
Parce qu'ils aiment faire du lèche-vitrine

C'est un drôle de zoo !
Y'a plus d'animaux !
Les animaux sont partis !
Les animaux sont partout !
Sauf au zoo !

Mais qui chante notre refrain ?
Mais qui chante notre refrain ?
C'est toi le perroquet ?
C'est toi, le perroquet !

Comme les animaux

Quand j'ai une faim de loup
Je mange beaucoup de tout !
Quand j'ai un appétit d'oiseau
Je ne mange qu'un abricot !
Quand j'ai une fièvre de cheval
Je me sens mal, je me sens mal !
Quand j'aurai une mémoire d'éléphant
Je me souviendrai de ma vie d'enfant !

Le fermier dans son pré

Un fermier dans son pré x 2
Ohé ohé ohé un fermier dans son pré
Le fermier prend sa femme x 2
Ohé ohé ohé le fermier prend sa femme
La femme prend le mouton x 2
Ohé ohé ohé la femme prend le mouton
Le mouton prend l'agneau x 2
Ohé ohé ohé le mouton prend l'agneau
L'agneau prend la brebis x 2
Ohé ohé ohé l'agneau prend la brebis

La brebis prend la poule x 2
Ohé ohé ohé la brebis prend la poule
La poule prend le poussin x 2
Ohé ohé ohé la poule prend le poussin
Le poussin prend la vache x 2
Ohé ohé ohé le poussin prend la vache
La vache donne le lait x 2
Ohé ohé ohé la vache donne le lait
Le lait donne le fromage x 2
Ohé ohé ohé le lait donne le fromage
Le fromage est battu x 2
Ohé ohé ohé le fromage est battu

Vive le sport !

Vive le sport, vive le sport !
Vous voilà plus forts
Je fais du judo !
Regarde mes biscotos !

Vive le sport, vive le sport !
Vous voilà plus beaux
Je fais d'la natation
Regarde je suis champion !

Vive le sport, vive le sport !
Vous voilà unis
Je fais du rugby
Regarde tous mes amis !

Vive le sport, vive le sport !
Vous voilà heureux !
Je fais de la gymnastique
Regarde c'est fantastique !

*Oh là là quels sportifs,
quelles sportives !*

Le grand musicien

Je suis un grand musicien,
boum la la, boum la la
Je suis un grand musicien,
boum la la, boum la la
Je sais jouer du piano
Je sais jouer du piano
Du piano
x2 { Piano piano pianola
     Piano la

Je suis un grand musicien, boum la la, boum la la
Je suis un grand musicien, boum la la, boum la la
Je sais jouer du violon
Je sais jouer du violon
Du violon
x2 { Zing la zing la zing la la
     Zing la la

Je suis un grand musicien, boum la la, boum la la
Je suis un grand musicien, boum la la, boum la la
Je sais jouer de la flûte
Je sais jouer de la flûte
De la flûte
x2 { Tutu tutu tutu tu
     Tutu tu

Je suis un grand musicien, boum la la, boum la la
Je suis un grand musicien, boum la la, boum la la
Je sais jouer de la guitare
Je sais jouer de la guitare
De la guitare
x2 { Glim la glim la glim la la
     Glim la la
Tutu tutu tutu tu (x3)
Tutu tu
Zing la zing la zing la la (x3)
Zing la la
Piano, piano, piano la (x3)
Piano la

Y'en a marre !
Toutes les nuits dans mon lit
Moi je fais des cauchemars
Y'en a marre Y'en a marre
Y'en a marre marre marre

Tous les soirs dans le noir
Moi je ne dors plus
J'en peux plus J'en peux plus
J'en peux plus plus plus

Y'a un petit vampire, pas très amusant
Qui se brosse les dents
Dans notre salle de bains

Y'a une sorcière, pas très sympathique
qui fait de la musique
Dans l'armoire à balai

Y'a un vieux squelette, pas très rigolo
Qui se casse les os
Au milieu du couloir

Y'a une vieille momie, pas jolie jolie
Qui se réveille aussi
Toutes les nuits dans mon lit

Dans Paris
Dans Paris il y a une rue
dans cette rue il y a une maison
dans cette maison il y a un escalier
dans cet escalier il y a une chambre
dans cette chambre il y a un tapis
sur ce tapis il y a une cage
dans cette cage il y a un nid
dans ce nid il y a un œuf
dans cet œuf il y a un oiseau.
L'oiseau renversa l'œuf
l'œuf renversa le nid
le nid renversa la cage
la cage renversa le tapis
le tapis renversa l'escalier
l'escalier renversa la maison
la maison renversa la rue
la rue renversa la ville de Paris

D'après Paul Éluard

J'aime la galette

J'aime la galette
Savez-vous comment ?
Quand elle est bien faite
Avec du beurre dedans.
Tra la la la la la la lère
Tra la la la la la la la

J'aime la galette
Savez-vous comment ?
Quand elle est bien faite
Avec des œufs dedans.
Tra la la la la la la lère
Tra la la la la la la la

J'aime la galette
Savez-vous comment ?
Quand elle est bien faite
Avec du lait dedans.
Tra la la la la la la lère
Tra la la la la la la la

J'aime la galette
Savez-vous comment ?
Quand elle est bien faite
Avec de la farine dedans.
Tra la la la la la la lère
Tra la la la la la la la

J'aime la galette
Savez-vous comment ?
Quand elle est bien faite
Avec du sucre dedans.
Tra la la la la la la lère
Tra la la la la la la la

J'aime la galette
Savez-vous comment ?
Quand elle est bien faite
Avec une fève dedans.
Tra la la la la la la lère
Tra la la la la la la la

Le carnaval

Au bal, au bal, au bal de Carnaval
Je danse, je danse, je danse déguisée.
Derrière mon masque mon masque de Carnaval
Venez venez me démasquer !

Sous la pluie la pluie de confettis
Devinez devinez qui je suis !

Peut-être Alice / Peut-être Maggie
La Belle au bois / au bois dormant
Esmeralda / Oui pourquoi pas
Esmeralda / Oui c'est bien ça

Au bal, au bal, au bal de Carnaval
Je danse, je danse, je danse déguisé.
Derrière mon masque mon masque de Carnaval
Venez venez me démasquer !

Sous la pluie la pluie de confettis
Devinez devinez qui je suis !

Peut-être Jojo / Peut-être Léo
Un magicien / et son lapin
Dracula / Oui pourquoi pas
Dracula / Oui c'est bien ça

x2 {
Au bal, au bal, au bal de Carnaval
Dansons, dansons, oui dansons déguisés.
Derrière nos masques nos masques de Carnaval
Venez venez nous démasquer !

TABLEAU DES CONTENUS

UNITÉS ET LEÇONS

Unité 1 – C'est la rentrée !
1. Il est quelle heure ?
2. Qu'est-ce qu'il y a dans ta classe ?
3. Il est comment ?
4. Quelle est ta nationalité ? Quelles langues parles-tu ?
5. Qu'est-ce que tu apprends à l'école ?

FAITS CULTURELS
Un emploi du temps français
Les matières scolaires
Un type de texte : la bande dessinée

COMMUNICATION
Il est sept heures. Il est sept heures et quart…
Dans ma classe, il y a un tableau, une fenêtre, un ordinateur…
Il est beau. Il est gentil…
Je suis américain. J'habite aux États-Unis. Je parle anglais.
J'apprends le français, les mathématiques… Je fais du sport…

PETITS DOCS – PROJETS
Petit doc L'emploi du temps de Léo
Projet Le poster de présentation de Pedro
> se présenter à partir d'un poster
> reconnaître quelqu'un à sa présentation

Unité 2 – C'est combien ?
1. Grand-mère Colette a quel âge ?
2. C'est quand ton anniversaire ?
3. Tu as des cousins, des cousines ?
4. Nous sommes en quelle saison ?
5. Tu habites où ?

FAITS CULTURELS
Les anniversaires
La manière de construire les nombres
La famille
Les saisons
Une chanson traditionnelle : *Joyeux anniversaire*
Une blague illustrée : *L'automne*

COMMUNICATION
Grand-mère Colette a trente… quarante… cinquante… soixante-neuf ans !
C'est le 11 avril. C'est le 4 août…
Oui, j'ai deux cousins et une cousine. Mon oncle s'appelle Bernard…
Nous sommes au printemps, en été, en automne, en hiver.
J'habite au 70, rue des Jardins. J'habite au 90, avenue des Quatre-Saisons.

PETITS DOCS – PROJETS
Petit doc La nouvelle peinture préférée de Léo
Projet La branche anniversaire d'Hugo
> donner sa date d'anniversaire
> décrire la saison qui correspond à sa date d'anniversaire

Remue-méninges : le labyrinthe — Suivre et dicter un parcours

Unité 3 – En ville
1. Qu'est-ce qu'il y a dans ta ville ?
2. Où est la boulangerie ?
3. Où fais-tu tes courses ?
4. Qu'est-ce que c'est ?
5. Ça fait combien ?

FAITS CULTURELS
Des magasins
La monnaie européenne
Une poésie traditionnelle :
L'école d'après Jacques Charpentreau
Un type de texte : la bande dessinée

COMMUNICATION
Dans ma ville, il y a un square, un restaurant, une librairie, une pharmacie…
Va tout droit. Tourne à gauche. Traverse sur le passage piéton…
Au marché, au supermarché, à la boulangerie, à la boucherie…
C'est de l'argent, de la monnaie. C'est un billet de 50 euros, une pièce de 50 centimes.
Ça fait 7 euros et 40 centimes. N'oublie pas ta monnaie !

PETITS DOCS – PROJETS
Petit doc Les panneaux du code de la route
Projet Le reportage de Minami
> présenter un magasin, son vendeur et ses produits

Les fêtes
Le carnaval

Dire en quoi il est déguisé
Les fêtes traditionnelles
Le carnaval

Interdisciplinarité

● **Le temps et l'espace**
Unité 1 : l'emploi du temps, la salle de classe, les pays
Unité 2 : les mois, les saisons, l'arbre généalogique, les adresses,
Unité 3 : la ville, le plan, l'orientation

● **L'instruction civique et morale**
Unité 1 : l'hygiène et les règles de vie
Unité 3 : le code de la route

● **Les chiffres et les nombres**
Unité 2 : les nombres de 0 à 99
Unité 3 : la monnaie européenne (l'euro)

● **Les pratiques artistiques**
Unité 2 : *Automne* de Giuseppe Arcimboldo

Unité 1 : C'est la rentrée !

p. 39

p. 46

Ta coupe page 49 !

Unité 2 : C'est combien ?

p. 52

août    octobre    juin

A

novembre  juillet  mars

avril  février

p.61

 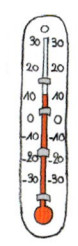

Ta coupe p.61 !

B

Unité 3 : En ville

p.63

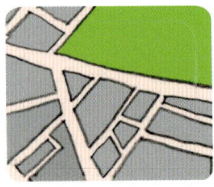     

     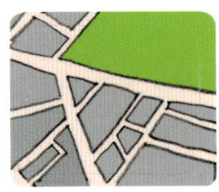

p.66

Ta coupe p.73 !

c